Léon de **MONTESQUIOU**

LES

ORIGINES ET LA DOCTRINE

DE

L'ACTION FRANÇAISE

Prix : 0 fr. 15

BUREAUX
DE
L'ACTION FRANÇAISE
PARIS
17, RUE CAUMARTIN

L'ACTION FRANÇAISE

17, RUE CAUMARTIN, PARIS IXe

Téléphone 326-49. — Adresse télégraphique ACTIOFRAN, PARIS

Henri VAUGEOIS Directeur

L'*Action française* s'adresse au patriotisme, quand il est conscient, réfléchi, rationnel.

Fondée en 1899, en pleine crise politique, militaire et religieuse, l'*Action française* s'inspirait du sentiment nationaliste : son œuvre propre fut de soumettre ce sentiment à une discipline sérieuse.

« Un vrai nationaliste, posa-t-elle en principe, place la Patrie avant tout; il conçoit donc, il traite donc, il résout donc toutes les questions politiques pendantes DANS LEUR RAPPORT AVEC L'INTÉRÊT NATIONAL.

« Avec l'intérêt national, et non avec ses caprices de sentiment.

« Avec l'intérêt national, et non avec ses goûts ou ses dégoûts, ses penchants ou ses répugnances.

« Avec l'intérêt national, et non avec sa paresse d'esprit ou ses calculs privés, ou ses intérêts personnels. »

En se pliant à cette règle, l'*Action française* fut contrainte de reconnaître la rigoureuse nécessité de la Monarchie dans la France contemporaine.

Etant donnée la volonté de conserver la France et de mettre par-dessus tout cette volonté de salut, il faut conclure à la Monarchie; l'examen détaillé de la situation démontre en effet qu'une Renaissance française ne saurait avoir lieu qu'à cette condition.

Si la restauration de la Monarchie paraît difficile, cela ne prouve qu'une chose : la difficulté de la Restauration française.

Si l'on veut celle-ci, il faut aussi vouloir celle-là.

L'*Action française* voulait ceci et cela, elle devint donc royaliste. Chacun de ses numéros, depuis lors, tendit à FAIRE DES ROYALISTES.

Les anciens royalistes eurent plaisir à se voir confirmer, par des raisons souvent nouvelles, dans leurs traditions et leur foi.

Mais l'*Action française* visa plus particulièrement ces patriotes qui sont tout enlizés encore dans le vieux préjugé démocratique, révolutionnaire et républicain : elle dissipe ce préjugé anarchiste, et, du patriotisme rendu plus conscient, elle exprime et fait apparaître le royalisme qui s'y trouvait implicitement contenu. Beaucoup de républicains ont été ainsi ramenés à la royauté. Bien d'autres y viendront si l'*Action française* est mise en état de les atteindre et de les enseigner.

Au nom des résultats acquis, en vue des résultats possibles, l'*Action française* demande à tous les royalistes, anciens ou nouveaux, un concours ardent, dévoué, incessant.

L'ACTION FRANÇAISE

ORGANE DU NATIONALISME INTÉGRAL

Journal Quotidien du Matin à 5 centimes

Directeur politique : Henri VAUGEOIS
Directeur-Rédacteur en chef : Léon DAUDET
Collaboration quotidienne de Charles MAURRAS

Tarif des Abonnements		1 an	6 mois	3 mois
	Paris, Seine et Seine-et-Oise..	20 fr.	10 fr.	5 fr. 50
	Provinces et Alsace-Lorraine...	24 fr.	13 fr.	7 fr. »
	Etranger.......................	36 fr.	18 fr.	10 fr. »

Rédaction et Administration : 17, rue Caumartin, Paris

Léon de **MONTESQUIOU**

LES

ORIGINES ET LA DOCTRINE

DE

L'ACTION FRANÇAISE

BUREAUX
DE
L'ACTION FRANÇAISE
PARIS
17, RUE CAUMARTIN

LES ORIGINES ET LA DOCTRINE

DE

L'ACTION FRANÇAISE

Quelles sont les origines de l'Action française et quelles sont les grandes lignes de sa doctrine, voilà ce que j'ai essayé de résumer ci-après. C'est un petit travail qui nous a été souvent demandé, à l'usage de ceux qui venus dernièrement à l'Action française ignorent nos premières années, ou n'ont qu'une connaissance imparfaite de notre base doctrinale.

L'*Action française*, est née de l'Affaire Dreyfus. Elle représente à son origine la réaction de quelques patriotes en présence de la trahison commise contre la France. Et quand je parle de trahison, j'entends, non pas tant la trahison de Dreyfus, que la trahison des dreyfusards. Nous voyions nos chefs militaires vilipendés, notre service des renseignements désorganisé et finalement détruit, la justice faussée, en résumé, notre pays sacrifié ; nous voyions les meneurs de l'Affaire tendre la main à l'Etranger, et nous voyions toutes ces trahisons commises impunément. Voilà ce qui nous a émus et nous a jetés dans la lutte. Contre de telles entreprises, la France n'était donc pas défendue ? Que faisaient le gouvernement, la police, la magistrature ? En 1899, au moment où l'Action française est née, tout cela, police,

gouvernement, magistrature, était avec Dreyfus.

Voilà une première constatation que nous étions forcés de faire: c'est que le régime actuel laissait le champ libre à un gouvernement anti-national.

Mais une autre constatation et peut-être plus importante encore que nous faisions en même temps, c'est que la République modérée n'avait pas été capable de défendre notre pays contre les entreprises dreyfusardes. Au commencement de l'agitation, le ministère Méline, le président de la République Félix Faure, la Chambre s'étaient efforcés d'arrêter la campagne. Ils avaient les meilleures velléités. Ils étaient soutenus par la grande masse du pays. Eh bien ! c'est la minorité dreyfusarde qui l'avait emporté. Le gouvernement ne put lui résister ; il dut se retirer et faire place à des esclaves ou des stipendiés des juifs. Tous ceux qui s'étaient montrés patriotes furent sacrifiés, pourchassés, acculés à la démission. Tous ceux qui avaient marché en faveur du traître furent récompensés. Et la Haute-Cour, qu'un ministre de la Guerre patriote, Cavaignac, avait, en août 1898, réclamée contre les dreyfusards, et qu'il s'était vu refuser par ses collègues groupés autour de Brisson, c'est contre les nationalistes et les royalistes qu'elle fonctionna.

Ainsi, nous avions eu, au début de l'Affaire, un gouvernement soucieux de défendre notre pays. Il avait été incapable de résister à la puissance juive. Il y avait donc quelque part, en haut lieu, une lacune, un défaut essentiel. Quand toutes les forces gouvernementales furent tournées con-

tre la patrie et en faveur du traître, il était naturel que le gouvernement fût plus fort que les
particuliers. Et, à elle seule, cette constatation
ne nous eût pas entraînés à de bien profondes
réflexions. Nous nous serions probablement
dit : nous avons à la tête de notre pays des
hommes vendus aux Juifs. Il n'y a qu'à les changer pour que tout change. Mais quoi ! d'honnêtes ministres, patriotes, cherchant le bien du
pays, nous en avions eu. Et ils n'avaient rien
pu empêcher. Ceci posait forcément devant notre esprit la question constitutionnelle.

Si je rappelle tout cela, c'est pour expliquer
pourquoi le groupement, le mouvement de la
Patrie française ne put nous suffire, et pourquoi nous crûmes devoir créer un autre groupement : l'*Action française*.

La *Patrie française*, qui fut fondée à la fin
de 1898, sur l'instigation des trois universitai-
res Syveton, Dausset, Vaugeois, se refusa, en
effet, dès le principe, à poser la question constitutionnelle. Son président, Jules Lemaitre,
l'avait formellement déclaré. On sait quelle fut,
après expérience, l'évolution de Lemaitre. Il l'a
résumée au premier numéro de notre journal.
« Je suis revenu de loin, y déclare-t-il. J'ai été
républicain comme presque tout le monde ja-
dis. Le seize mai m'a indigné. J'y ai vu une ten-
tative contre la liberté. J'ai été oppposé au
boulangisme pour le même motif. J'ai cru au
parlementarisme, à l'opinion des masses, à leur
sagesse... J'ai tenu là-dessus tous les propos
habituels... C'est l'Affaire Dreyfus qui m'a ré-
veillé. Pas tout de suite, ah ! non. Je ne suis pas
un homme d'entraînement. Mais surtout les ex-

périences dont l'affaire Dreyfus a été l'occasion.
Je me suis trouvé à la tête d'une ligue qui est
devenue, malgré moi, électorale, et j'ai pu tou-
cher du doigt, non seulement les inconvénients
accidentels, mais l'essentielle malfaisance du
système politique du pouvoir électif. J'ai vu
toutes les machinations, tous les trucs, toutes
les fraudes gouvernementales pour triompher,
n'importe comment, des gens qui se récla-
maient de l'idée de patrie, la plus visible, la
plus simple et la plus sacrée de toutes, n'est-
ce pas? J'ai compris alors que cette machine
aboutissait nécessairement, fatalement à la su-
prématie des pires. J'ai vu toutes ces choses
de près, c'est pitoyable. Il faut un rude esto-
mac pour rêver après ça une République hon-
nête. »

Mais enfin, en 1899, la *Patrie française* avait
restreint son but à faire de bonnes élections.
Cela ne pouvait guère contenter ceux qui se
souvenaient du ministère Méline et de son
impuissance à défendre les grands intérêts nationaux, et qui se disaient qu'écarter par principe la question constitutionnelle, c'était se con-
damner à ne jamais découvrir le remède.

Parmi ceux qui pensaient ainsi se trouvait
un de ceux à qui la *Patrie française* devait
son existence, Henri Vaugeois. Voyant ce mouvement ne pas répondre à ce qu'il en avait
attendu, Vaugeois conçut l'audacieux projet de
le reprendre à lui tout seul, et il fonda, en
juillet 1899, l'*Action française*. C'est ici que
l'on peut parler de la foi qui soulève les monta-
gnes. Avec... pas d'argent du tout, pas d'appui,
très peu d'adhérents, donc des débuts très diffi-

ciles, Vaugeois allait fonder et faire vivre cette œuvre qui est devenue ce que vous savez, qui est en train de régénérer l'esprit français, et qui nous rendra bientôt, nous en avons la ferme espérance, le gouvernement sauveur. Vaugeois avait, il est vrai, auprès de lui quelqu'un qui devait donner aux Français patriotes ce dont ils avaient besoin pour être forts et armés, ce qu'ils avaient vainement cherché dans les mouvements antérieurs tels que le boulangisme : *une doctrine*. Ce quelqu'un, c'est Charles Maurras.

⁎

Voilà ce qui distingue le mouvement de l'*Action française* des mouvements patriotiques antérieurs, voilà ce qui fait sa force, ce qui est la cause de ses succès : c'est que l'*Action française* a une doctrine. Cette doctrine, comme toute doctrine politique digne de ce nom, est fille de la raison. C'est la raison qui a recherché les causes du mal, recherché les remèdes. Dans les mouvements antérieurs, les patriotes acceptèrent sans les discuter les principes politiques de leurs adversaires. Ils furent dès lors entraînés à ne s'attaquer qu'aux hommes, ce qui ne devait pas les mener bien loin, ou, s'ils eurent un programme, tel l'antisémitisme, il fut tout de négation. L'*Action française* ne se contente pas de nier, elle affirme ; elle ne cherche pas uniquement à détruire, elle veut construire.

Certains, il est vrai, écartent *a priori* et fuien en politique toute doctrine. Pourquoi cela ? C'est d'abord parce qu'une doctrine précise et par là limite. Or, il en est qui, souvent, dans une bonne intention d'ailleurs, en vue de l'union, aiment et recherchent le vague. Mais une union faite dans ces conditions ne signifie rien. Elle est condamnée à l'inaction, puisqu'on ne reste d'accord qu'autant qu'on prend soin de ne s'assigner aucun but précis, positif. Il est absurde de déclarer : unissons-nous entre honnêtes gens, voilà le principal, nous verrons ensuite ce qu'il faut faire. Non, il n'y a d'union solide et féconde que lorsqu'on a, avant tout, déterminé les principes et le but. Un groupement qui laisse principes et but dans le vague réunira peut-être beaucoup de monde ; il n'en sera pas moins infiniment faible. Il ressemblera à une foule qui flotte et est sans consistance parce qu'elle ne sait où se diriger. Au contraire, lorsqu'on s'est accordé sur une doctrine, on est une troupe armée et coordonnée.

Une autre cause pour laquelle certains rejettent toute doctrine, c'est qu'ils se méfient de la raison. Ils répètent le mot de Barrès. La raison ! « Quelle très petite chose à la surface de nous-mêmes... Profondément, nous sommes des êtres affectifs. » Mais ceux-là devraient se souvenir que Barrès, qui a pris part autrefois au boulangisme, regrettait vivement que cette fièvre française, comme il l'appelait, fût restée une simple fièvre, un simple bouillonnement de notre sang, et que les chefs n'aient pas réussi à élaborer des principes fermes, et il y voyait la principale cause de leur échec. Or, il est évident que sans raisonnement, et par les seuls mouvements de la sensibilité, il n'est aucune élaboration de principes possible.

Cela n'empêche que nous disons avec Barrès :

profondément, nous sommes des êtres affectifs. Nous ne méconnaissons pas que la sensibilité a un rôle primordial dans la conduite que les hommes tiennent. Mais nous affirmons en même temps que pour réussir dans une entreprise, il faut que la raison joue son rôle de guide. Si c'est la sensibilité qui pousse, c'est à la raison à conduire. Elle peut être une très petite chose à la surface de nous-mêmes, elle est pourtant indispensable. Dans un navire, quelle petite chose que le gouvernail, auprès des machines qui font mouvoir. Et, pourtant, sans le gouvernail, le navire ne trouvera jamais le port et se brisera contre les récifs. Certes, sans les machines, le navire est immobile, mais sans le gouvernail, il est livré au hasard.

Or, je le répète, l'*Action française* a un gouvernail, elle a des principes, elle a une doctrine.

* * *

Sur quoi est fondée cette doctrine ? Son fondement est très simple. Il est contenu tout entier, en effet, dans ce passage de la déclaration de notre Ligue : « *Un vrai nationaliste place la Patrie avant tout : il conçoit donc, il traite donc, il résout donc toutes les questions politiques pendantes dans leur rapport avec l'intérêt national.* » Cela est même si simple quel on se demande au premier abord s'il n'est pas superflu de faire une telle déclaration, de poser un tel principe. L'intérêt national ! n'est-ce pas le point de vue auquel naturellement et pour ainsi dire instinctivement se place tout Français ? Ce devrait être, en effet, mais ce n'est point. Et il n'y a pour s'en convaincre qu'à écouter les discussions politiques de notre époque. Combien il est rare, combien il était surtout rare avant l'Action française d'entendre raisonner d'après l'intérêt national. Il est d'ailleurs toute une catégorie de citoyens à qui ce point de vue est même interdit. Ce sont ceux que j'appellerai les «vrais» républicains, c'est-à-dire ceux qui sont républicains non simplement parce que la République est le gouvernement actuel de la France, et qu'ils s'inclinent devant ce gouvernement comme ils s'inclineraient devant tout autre gouvernement établi, mais qui sont républicains par principe, par religion dirai-je même, et qui voient dans la République le régime de leurs rêves, le régime nécessité par les dogmes de 89.

Or quel est le but politique d'un vrai républicain ? Ce but, ce n'est pas le salut de la France, c'est le salut de la République. Mettant au-dessus de tout les principes révolutionnaires, un vrai républicain veut avant tout la conséquence logique, nécessaire de ces principes. Ce n'est donc pas d'après l'intérêt du pays qu'il est porté à raisonner, c'est d'après l'intérêt du régime révolutionnaire. Vous connaissez peut-être le mot de Gambetta à Mme Adam. Comme celle-ci s'étonnait des intrigues que Gambetta menait avec Bismarck par l'intermédiaire de Haenckel de Donnersmark : « Je vous croyais d'abord républicaine, » lui répliquait Gambetta. Et par là il entendait : je croyais que vous étiez prête à tout accepter, même l'abandon de la revanche, pour le salut de la République.

Ce n'est d'ailleurs qu'en mettant la Révolu-

tion au-dessus de la patrie qu'il est possible de
rester républicain. Si l'on a, en effet, le moindre bon sens, et la moindre vue nette des réa-
lités, et si l'on envisage uniquement les conditions d'existence de notre pays, on est amené
fatalement à repousser la République comme un
régime destructeur et qui ne peut être que
destructeur. Pour garder sa foi républicaine
il faut donc fermer les yeux sur les intérêts
nationaux et ne raisonner que d'après les intérêts de la Révolution. Que veulent les principes
révolutionnaires, qu'est-ce qui s'en déduit logiquement une fois qu'ils sont posés comme
dogmes fondamentaux, quel est le régime qu'ils
nécessitent ? Voilà le point de vue primordial
auquel doit se placer le républicain si, encore
une fois, il tient à rester républicain.

Nous n'avons d'ailleurs qu'à considérer la pé-
riode de l'affaire Dreyfus, si révélatrice de la
mentalité profonde de chacun, pour constater
qu'un vrai républicain met la république au-dessus de tout. Cette affaire nous a montré, en effet,
avec la dernière évidence, les dreyfusards n'hé-
sitant pas à sacrifier leur patrie à la cause révolutionnaire. L'affaire Dreyfus a partagé la France en
deux camps. D'un côté ceux qui étaient *d'abord*
républicains, suivant le mot que j'ai cité tout à
l'heure de Gambetta. De l'autre côté ceux, de
quelque opinion qu'ils fussent, qui étaient
d'abord patriotes. C'est dans ces derniers que
l'*Action française* s'est recrutée, c'est parmi eux
qu'elle a fait ses conquêtes et qu'elle continue
à exercer sa propagande.

Avec les autres, par contre, avec ceux qui sont
d'abord républicains, nous ne pouvons espérer

nous entendre, puisque nous ne voulons pas la
même chose. Eux veulent le salut de la République, nous le salut de la patrie.

Raisonner d'après l'intérêt national, c'est donc
là la base de notre doctrine. Et ce point de vue
de l'intérêt national est donc le point de vue
vers lequel nous voudrions orienter toutes les
discussions politiques. C'est pourquoi nous
l'avons spécifié : « Un vrai nationaliste place la
patrie avant tout. »

Dans une époque normale, dans une époque
saine, l'éducation, les mœurs font que ce point
de vue est habituel, presque instinctif à chacun.
Mais dans une époque comme la nôtre, il faut,
même chez les meilleurs, un certain travail pour
observer pleinement cette discipline. Je prends
comme exemple un patriote comme Déroulède.
Sans cesse il mêle la patrie et la Révolution, et
l'on ne sait la plupart du temps à quoi il donne la
première place. Comment, par exemple est-ce
qu'il aboutit au régime qu'il préconise, au régime
plébiscitaire ? Est-ce en raisonnant d'après l'intérêt du pays ? Nullement. Il s'escrime à nous
démontrer que le plébiscite est le seul moyen
d'appliquer dans leur intégralité les principes
démocratiques, que c'est le seul moyen de con-
férer au peuple sa pleine souveraineté.

Mais nous répondons : il ne s'agit pas de la
souveraineté du peuple, il ne s'agit pas des
principes démocratiques, il s'agit de la France.

Tous ceux qui consentiront à se placer sur ce
terrain et uniquement sur ce terrain, finirons,
nous en sommes assurés, par s'entendre avec
nous et par se rallier à nos conclusions politiques.

* *

La première, et d'ailleurs principale étape,
qu'il y a ordinairement pour cela à franchir, est
de se débarrasser l'esprit des principes révolutionnaires. C'est par là que nous avons presque
tous commencé à l'*Action française*. Bien peu
d'entre nous, en effet, étaient primitivement
indemnes de tout virus révolutionnaire. Le point
de vue de la patrie nous avait, il est vrai, réunis.
Mais nous étions dans les premiers temps loin
de nous entendre sur les moyens du salut public. Nous nous sommes entendus du jour où,
ayant analysé les principes révolutionnaires
nous nous sommes vus acculés à ce choix : ou
la Patrie, ou la Révolution.

Je suis certain que la presque totalité des
Français, si on lui soumettait un tel dilemme,
n'hésiterait pas à se prononcer pour la Patrie,
contre la Révolution. Mais pour la plupart ce
dilemme ne se pose point, car la plupart n'ayant
pas suffisamment pénétré la doctrine révolutionnaire, n'aperçoivent pas ce qu'elle renferme de
conséquences forcément destructives et antipa-
triotiques.

Quelle est au juste la doctrine révolutionnaire ? On a essayé au printemps de 1912 de lui
redonner un peu de vie en commémorant et
glorifiant l'un de ses plus fameux penseurs,
J.-J. Rousseau. Le choix était bon. Rousseau est,
en effet, le théoricien le plus complet et le plus
logique de la philosophie révolutionnaire. Etant

posées les prémisses, il ne craint pas d'aller jusqu'au bout de cette philosophie. Or quelles sont les pensées que, dans ses grandes lignes, Rousseau tend à susciter en nous ? En les exposant succinctement j'aurai mis à nu ce qui fait le fond de la doctrine de la Révolution.

Quand on réfléchit aux choses de ce monde, il est une question qui se pose d'abord tout naturellement à l'esprit du philosophe. D'où vient le mal que nous voyons autour de nous, ou dont nous souffrons nous-même ? C'est un problème qui ne peut pas ne pas agiter l'homme, car une de ses plus constantes préoccupations sera toujours de remédier au mal. Or, il ne le peut qu'en connaissant la cause du mal. La cause du mal ! Rousseau va nous la dévoiler. « La nature, nous déclare-t-il, a fait l'homme heureux et bon, la société le déprave et le rend misérable. » Ainsi, la cause du mal, c'est la société, voilà ce qui ressort de toute l'œuvre de Rousseau. Il est impossible que je ne sois pénétré de cette pensée, si je suis bien pénétré de l'esprit de Rousseau. Et quelle est la conséquence ? La conséquence, c'est que mes souffrances, et si j'ai bon cœur, la vue des souffrances d'autrui, je les tournerai en haine contre la société. Et, par bonté d'âme, par amour de l'homme, par appétit de progrès et de justice, je déclarerai la guerre à l'état social. Et je le ferai avec la conscience d'autant plus tranquille que j'aurai lu dans Rousseau que — ce sont ses propres expressions — « la société est naturelle à l'espèce humaine, comme la décrépitude à l'individu ».

Mais se peut-il vraiment que toute société soit

mauvaise ? Cela ne me semble pas possible. Car il y en a une tout au moins — je veux parler de cette petite société qu'est la famille — sans laquelle il est évident que je n'existerais pas. Oui, cela est évident, et Rousseau lui-même le reconnaît. Il reconnaît, que la famille est indispensable pour subvenir à nos besoins pendant les premières années de notre vie. Mais dès que nous sommes en état de nous suffire à nous-mêmes, alors plus d'autorité, ni de protection des parents, plus de respect ni de soumission des enfants, bref plus de famille, chacun pour soi : « Les enfants ne restent liés au père, nous déclare Rousseau, qu'aussi longtemps qu'ils ont besoin de lui pour se conserver. Sitôt que ce besoin cesse, le lien naturel se dissout. Les enfants, exempts de l'obéissance qu'ils devaient au père; le père exempt des soins qu'il devait aux enfants, rentrent tous également dans l'indépendance. »

Mon indépendance, ma liberté ! C'est là, en effet, le grand désir que Rousseau va souffler en nous. Je n'ai à obéir à personne ; je suis mon seul maître ; je n'ai pas de supérieur. Bref, je suis libre en droit, et c'est cette liberté qui fait le principal de ma dignité d'homme. Si cette liberté, je ne la possède pas effectivement, il est donc de mon devoir, il est de mon honneur de travailler à la conquérir. Voilà ce dont Rousseau s'applique à nous convaincre. Et combien il est facile de convaincre l'individu de tout cela, tout cela qui flatte ses passions d'égoïsme et d'orgueil.

Je suis mon seul maître, mon seul maître non seulement dans l'ordre politique et social, mais encore dans l'ordre moral ou spirituel. Rousseau nous l'affirme. « Conscience ! conscience ! s'écrie-t-il. Instinct divin ; immortelle et céleste voix ; guide assuré d'un être ignorant et borné, mais intelligent et libre ; juge infaillible du bien et du mal. » — « La conscience ne trompe jamais, nous déclare-t-il encore ; elle est le vrai guide de l'homme ; elle est à l'âme ce que l'instinct est au corps... qui la suit obéit à la nature et ne craint point de s'égarer. » Autrement dit, c'est à moi seul qu'il appartient de juger ce qui est bien ou mal. Et mon jugement là dessus est infaillible.

Oui, mais c'est à une condition, ajoute J.-J. Rousseau : « Ce n'est pas assez que ce guide existe, il faut savoir le reconnaître et le suivre. S'il parle à tous les cœurs, pourquoi donc y en a-t-il si peu qui l'entendent ? Eh ! c'est qu'il nous parle la langue de la nature, que tout nous a fait oublier. La conscience est timide, elle aime la retraite et la paix ; le monde et le bruit l'épouvantent ; *les préjugés dont on la fait naître sont ses plus cruels ennemis* ; elle fuit ou se tait devant eux. Une voix bruyante étouffe la sienne, et l'empêche de se faire entendre. » Or, cette voix bruyante qui, selon Rousseau, étouffe l'instinct infaillible qui est soi-disant en nous, c'est la voix du passé, la voix des ancêtres, la voix de la tradition. Les préjugés dont il importe de débarrasser notre conscience, si nous voulons qu'elle retrouve sa pureté naturelle, ces préjugés c'est la sagesse et l'expérience des siècles que la société enferme en elle et transporte à travers le temps, et qu'elle nous distribue par l'entremise de l'Eglise, de la famille, de tous ceux qui ont part à notre éducation, ou par la pression des mœurs. Ainsi, tout à l'heure, c'est notre être physique que Rousseau dressait contre la société, à présent c'est notre être moral.

Mais ces préjugés, comment nous en débarrasser ? Ils nous assiègent de toutes parts. Ils ont pour eux l'autorité et le prestige du passé. Ce passé, comment le faire taire en nous, comment lui enlever son prestige, comment l'oublier ? Eh bien ! Rousseau voit un moyen. Ce passé, il n'y a qu'à le haïr, et nous serons ainsi tout naturellement en garde contre lui. Oui, Rousseau, recherchant comment une société peut arriver à s'affranchir de ses traditions, appelle de ses vœux, pour cela, un de ces moments de révolution, où, dit-il, « l'horreur du passé tient lieu d'oubli ». Vœu impie que la Révolution réalisera, on sait comment, et qui conduit naturellement et logiquement à la haine de la patrie.

*
* *

Telles sont les pensées principales que Rousseau suscite en nous.

Mais, direz-vous, tout cela c'est l'anarchie. Oui, tout cela c'est l'anarchie, car tout cela nous souffle la révolte contre toute autorité, qu'elle soit politique, sociale ou spirituelle, contre la société, la famille, la patrie, la tradition. Oui, c'est l'anarchie autant qu'il se peut.

Or, est-il possible qu'un gouvernement quelconque, fût-ce la République, ait intérêt à exalter celui qui représente de telles idées d'anarchie, et par là, à donner à ces idées de la vie ?

Oui cela est. La République a besoin pour
subsister et se maintenir des idées de la Révolution. Qui le comprend, comprend par là même
quel gouvernement de péril national et social
nous avons dans la République. Certes la République n'a pas besoin des idées révolutionnaires
jusqu'au point d'extrême anarchie où Rousseau
les a poussées, mais elle en a besoin dans une
certaine mesure que voici.

Cet appétit de liberté politique que Rousseau
excite en nous jusqu'au renversement de toute
autorité, la République en a besoin jusqu'au
point où j'éprouverai le désir de faire acte de
souverain en envoyant des députés au Parle-
ment.

L'appétit de liberté spirituelle, elle en a besoin jusqu'au point où je crierai : guerre au
catholicisme.

Elle a besoin que je m'émancipe de la famille
en tant que la famille exerce sur moi une in-
fluence traditionnelle.

Elle a besoin que j'aie horreur du passé jusqu'au point où j'en arriverai à faire commencer
l'histoire de mon pays à la Révolution.

Bref, elle a besoin de l'anarchie dans la mesure où l'anarchie lui permet d'installer son
règne.

Mais on ne fait pas, comme l'on veut, sa part
à l'anarchie. Une idée lancée dans un cerveau,
il est naturel qu'elle aille jusqu'au bout de ses
conséquences. Aussi, que la République le
veuille ou non, la glorification de la Révolution,
la glorification d'un Rousseau est une excitation
a tous les crimes contre la société et la patrie.
Oh ! je sais bien que ceux qui feront dépasser

aux idées révolutionnaires cette mesure qui permet aux parlementaires d'asseoir leur pouvoir, la République les traquera, les fusillera et même les dynamitera. Mais celui qui a excité, a-t-il autorité pour réprimer ? Et quel est le plus coupable, du professeur ou de l'élève qui en a trop bien écouté les leçons ?

Et puis, est-il possible de maintenir à coups de fusil l'ordre matériel lorsque par ailleurs on pousse au désordre intellectuel et moral ? Non, c'est là un défi aux conditions de l'ordre qu'on ne peut soutenir longtemps. Il n'est pas de société possible dont tous les citoyens seraient les disciples de ce Rousseau que la République nous invite à honorer. Dans une telle société, aucune police ne serait capable de défendre l'ordre social. Aussi, s'il y a encore en France un certain ordre, c'est qu'heureusement la grande masse des Français n'est pas atteinte ou ne l'est que partiellement, par la propagande anarchiste que la République patronne. Or, ceci nous le devons principalement à trois forces, lesquelles précisément la République abhore ou craint, et combat. Ces trois forces sont : l'Eglise, la famille et l'armée.

*
* *

L'*Action française* repousse donc les principes révolutionnaires, comme étant des principes d'anarchie. Entendons-nous : nous ne repoussons pas systématiquement toute liberté et toute égalité. Mais nous repoussons la liberté et l'égalité posées comme principes absolus, et dont la réalisation devrait être poursuivie à tout prix. Ce qui doit être poursuivi à tout prix

c'est l'ordre et la prospérité sociale. Or l'ordre
et la prospérité sociale admettent et réclament
même certaines libertés et certaines égalités ;
mais elles veulent également de l'autorité et de
la hiérarchie.

Telle est la théorie. Mais dans la pratique
est-il possible de lutter contre les principes
révolutionnaires? Certains, et même parmi les
conservateurs, nous déclarent que non. Ils nous
reprochent de ne pas tenir compte du fait
démocratique. Le fait démocratique, nous décla-
rent-ils, existe ; il est irrésistible. Il serait fou
de lutter contre lui. Il faut s'accommoder de
lui. On ne remonte pas le courant.

Or, s'il y a quelqu'un à qui on ne peut certes
reprocher de ne pas tenir compte des faits, c'est
Frédéric Le Play. Le Play est l'écrivain du
xixe siècle chez qui les faits jouent le plus grand
rôle. Il n'a rien d'un philosophe qui pose des
principes *a priori* et en déduit des conséquences. Il est essentiellement un empiriste. Toute
sa méthode est basée sur l'observation de la réa-
lité. Et il met un tel scrupule à ne rien dire qu'il
n'ait par lui-même contrôlé, à ne rien avancer
qui ne repose sur une accumulation d'observa-
tions, que ce n'est qu'au bout de plus de vingt-
cinq ans de recherches et de travaux qu'il ose
présenter au public son premier ouvrage. Il
commence, en effet, ses voyages d'étude en
1829, et la première édition de son grand ouvrage, *Les Ouvriers européens*, est de 1855.
C'est cet homme patient dans le travail, scrupuleux et minutieux dans l'observation, que je
demande qu'on entende sur cette question du
« fait » démocratique.

Dans sa *Démocratie en Amérique*, Tocqueville avait écrit ces lignes qui résument parfaitement ce que nos adversaires démocrates nous opposent : « *Le développement graduel de l'égalité est un fait providentiel. Il en a les principaux caractères : il est universel, il est durable, il échappe chaque jour à la puissance humaine ; tous les événements, tous les hommes ont servi à son développement. Serait-il sage de croire qu'un mouvement qui vient de si loin puisse être suspendu par une génération ? Pense-t-on qu'après avoir détruit la féodalité et vaincu les rois, la démocratie reculera devant les bourgeois et les riches ? S'arrêtera-t-elle maintenant qu'elle est devenue si forte et ses adversaires si faibles ?* »

A cette assertion, Le Play répondait : « Cette appréciation est démentie par l'état social actuel de toutes les grandes nations, y compris les Etats-Unis eux-mêmes. » Ceci n'était pas une affirmation à la légère, mais une affirmation fondée sur ce que Le Play avait observé au cours de ses nombreuses années d'étude des sociétés.

Mais parlons plus particulièrement de la France. Nous sommes poussés irrésistiblement vers l'égalité par nos mœurs, par nos désirs, par notre propension d'esprit, déclarent ceux qui prétendent fou de vouloir lutter contre un tel courant. Or un tel courant existe-t-il réellement ? Ecoutons Le Play :

« Le trait qui nous distingue le plus depuis un siècle, écrit-il, n'est pas l'amour de l'égalité : c'est l'enseignement acharné d'un faux principe incompatible avec tout ordre social ; c'est l'antagonisme que cet enseignement a développé

dans les foyers, les ateliers et les voisinages;
c'est enfin l'envie que l'antagonisme inspire
aux populations à l'égard des autorités naturel-
les. Les Français, surtout ceux des classes
inférieures, sont aujourd'hui plus rebelles que
toute autre race au sentiment de l'égalité, même
dans ses manifestations les plus légitimes. Les
vrais devoirs de l'égalité sont d'autant moins
pratiqués qu'on proclame plus hautement les
utopies que ce mot suggère de nos jours. En
fait, l'égalité des conditions ne se développe
qu'en vaines paroles, et elle se restreint dans
les mœurs par les efforts mêmes de ceux qui
prétendent l'imposer à la nation en faisant appel
aux contraintes légales.

« Sous le régime social qui était presque
intact au milieu du xvII^e siècle, et qui se retrouve
encore dans beaucoup de vestiges du passé, les
bonnes pratiques d'égalité, celles qui rappro-
chent les esprits et les cœurs de toutes les classes, étaient plus répandues qu'elles ne le sont
de nos jours. Les habitudes étaient naturellement créées par une organisation traditionnelle
qui ne se prêtait guère aux scandaleuses for-
tunes amenées par nos révolutions actuelles,
mais qui n'entravait pas l'essor des individualités éminentes et ne laissait pas sans appui les
faibles et les imprévoyants. De nos jours, au
contraire, dégagé de ces influences qui étaient
à la fois un frein et une force, l'individu n'a
plus devant lui rien qui modère une élévation
trop rapide ou empêche une chute imméritée.
Dans cet état de choses apparaissent en même
temps l'extrême richesse, avec l'orgueil du pouvoir, et l'extrême misère avec les haines qu'elle

impose. De là naît, par conséquent, l'inégalité sociale avec ses plus redoutables caractères...

« Le culte de l'égalité, qui semble avoir en France, écrit encore Le Play, tant d'adeptes convaincus, n'y possède point les esprits et n'est qu'une trompeuse apparence. Son vrai nom est l'envie; son vrai but est l'abaissement des supériorités sociales qui détruisent, sans relâche, les institutions de la Terreur, à mesure qu'elles sont reproduites par les restes de nos anciennes institutions. Nul peuple n'a au même degré que le peuple français, la passion, la fièvre de l'inégalité. Mille traits de mœurs nous en fournissent journellement la preuve. C'est la chasse aux titres de noblesse et aux décorations : c'est la rudesse et le luxe des parvenus, voulant, à force de morgue et d'extravagance, bien marquer la distance qui les sépare de leurs égaux d'hier et de leurs subordonnés d'aujourd'hui; c'est l'engouement de la riche bourgeoisie, recherchant pour ses filles un mari titré, fût-il sans fortune, sans moralité, sans talent; c'est la poursuite des places, qui entasse les solliciteurs dans les antichambres des gouvernants, multiplie les sinécures et empiète de plus en plus sur les libertés de la vie privée; c'est la soif de paraître, la manie de la poudre aux yeux ; c'est la séparation des classes dans les wagons, les théâtres, les églises et les autres lieux publics; c'est enfin la perte des sentiments d'affection et des habitudes de familiarité qui se conservaient traditionnellement au foyer entre les maîtres et les serviteurs. »

Et qu'on ne pense pas, ajoute Le Play, que cette soif d'inégalité ira en diminuant à mesure que notre régime de déclassement portera aux premières places des individualités sorties des derniers rangs de la société. Les nouveaux arrivés montreront au contraire une propension encore plus grande à marquer les distances. « Chacun sait, en effet, écrit Le Play, que ceux qui commencent à s'élever traitent leurs égaux de la veille avec une dureté toujours rare chez les personnes placées dès leur naissance dans une position élevée. »

Et à la suite de ce tableau magistral, Le Play conclut : « Ainsi la proclamation incessante du prétendu principe de l'égalité ne s'accorde pas plus avec la raison et l'expérience qu'avec l'état actuel de nos mœurs. Cette proclamation n'est qu'une manifestation de l'envie exhalée par certaines individualités jalouses... La tendance que l'on signale n'est donc pas l'une de ces traditions nationales qu'il importe de respecter : c'est, au contraire, un vice qu'il faut combattre, une erreur qu'il faut corriger. »

C'est exactement ce que nous déclarons nous-mêmes.

*
* *

Lorsqu'on a vu l'*Action française* attaquer la Révolution dans ses principes, beaucoup ont feint de croire que c'était là chose nouvelle. L'attitude était commode. Elle permettait de pouvoir mieux crier au scandale. Elle donnait le moyen d'insinuer que notre œuvre, n'ayant aucune racine dans le passé, avait grandes chances d'être éphémère et sans résultat. Mais nous avons alors montré qu'en attaquant les principes révolutionnaires non seulement nous

ne faisions rien de nouveau, mais encore que
nous nous trouvions guidés dans cette voie par
les plus profonds penseurs du XIXᵉ siècle, qui,
s'échelonnant depuis la Révolution jusqu'à nos
jours, représentaient ainsi comme la protesta-
tion ininterrompue de la raison, de l'intelli-
gence, du bon sens. Nous avons montré que
pour contester un tel fait, il fallait ou fausser
l'œuvre de ces philosophes, ou faire sur elle la
conspiration du silence. Il nous a suffi pour cela
de jeter la lumière sur cette œuvre. Ainsi nous
avons repris notre bien, nous avons repris les
nôtres, nos maîtres comme nous disons.

Dans Le Play, dont nous venons de parler,
nous trouvons un contre-révolutionnaire conservateur et catholique. Mais parmi nos maîtres
en politique il y a aussi des incroyants. Il y a
notamment Auguste Comte. Nous le disons un
de nos maîtres parce qu'on trouve dans son
œuvre une des plus fortes condamnations et
réfutations des principes révolutionnaires qui
soit. Aussi je voudrais rappeler très succinctement quelle est la pensée de Comte sur ce
sujet.

Nul mieux que Comte tout d'abord ne nous a
démontré l'importance, pour la vie sociale, de
la tradition, importance qui a été si méconnue
par les philosophes révolutionnaires. On con-
naît l'aphorisme célèbre d'A. Comte, qui a souvent été repris depuis lui : « Les morts gou-
vernent les vivants. » Par là A. Comte veut
nous marquer que c'est par la continuité de
l'effort à travers les siècles que l'humanité
s'élève, progresse, et que sans cette continuité
elle ne peut rien de grand. Or, on sait que toutes

les mesures ou lois révolutionnaires ont tendu
et tendent encore à entraver ou rompre cette
continuité si nécessaire.

Comte s'élève contre l'Evangile de la Révolution, les droits de l'homme. Ce n'est pas à la
poursuite de droits qu'il faut exciter l'homme,
car c'est exciter en lui l'individualisme et
l'égoïsme, auxquels il tend déjà suffisamment par
sa nature ; c'est à l'observation de ses devoirs
qu'il est urgent de le rappeler. Il importe donc,
déclarait Comte, de substituer « la paisible détermination dès devoirs à l'orageuse discussion
des droits ».

Comte condamne formellement le grand principe révolutionnaire qui nous vient de la première révolution protestante, le principe de
libre examen. Le dogme du libre examen,
déclarait-il, tend directement à s'opposer à toute
vraie réorganisation sociale. C'est une « insurrection mentale de l'individu contre l'espèce ».
Et il concluait sa critique de ce dogme par
cette déclaration : « Quelque développement
intellectuel qu'on puisse jamais supposer dans
la masse des hommes, il est évident que l'ordre
social demeurera toujours nécessairement incompatible avec la liberté permanente laissée à
chacun, sans le préalable accomplissement d'aucune condition rationnelle, de remettre chaque
jour en discussion indéfinie les bases mêmes de
la société. »

A l'encontre de la Révolution A. Comte
défend la famille et s'applique à la consolider.
Pour cela il engage particulièrement à fortifier
le pouvoir paternel et à resserrer les liens
conjugaux. La famille est le fondement de la

société, déclare-t-il, elle est la vraie cellule sociale et il en déduit : « La société humaine se compose de familles et non d'individus. »

Ceci n'est pas une vaine querelle théorique. Les résultàts pratiques auxquels on tendra seront, en effet, d'ordinaire très différents, suivant qu'on regardera la société comme une collectivité d'individus, ou comme une collectivité de familles. Il est même probable que suivant que l'on tiendra pour l'une ou l'autre thèse, on se montrera révolutionnaire ou conservateur. Si la société, en effet, n'est pas autre chose qu'une collectivité d'individus, vous croirez gouverner, légiférer pour le plus grand bien de la société en légiférant et gouvernant exclusivement pour l'individu. L'individu sera l'unique objectif. Or toutes les utopies révolutionnaires et antisociales ont là leur source. Avoir pour unique objectif l'individu, c'est avoir pour unique objectif le présent, l'éphémère. C'est donc bien risquer de faire comme celui qui, insouciant de l'avenir, mange son capital en même temps que son revenu, ou qui place son capital à fonds perdu. Ceci peut être sans inconvénient pour le particulier qui ne laisse personne derrière lui. Mais il n'est pas permis à la société d'agir impunément ainsi. La société, elle, n'est pas seulement le présent, elle est le passé, elle est l'avenir. Pour satisfaire aux besoins de la société, il ne suffit donc pas de considérer le présent, il faut consulter le passé et s'appuyer sur lui, il faut ménager et préparer l'avenir.

Or ceci, qu'on néglige lorsqu'on n'a en vue que l'individu, on ne risque point de l'oublier lorsque c'est à la famille que l'on pense ; ce que l'on fera naturellement si l'on part de ce grand principe que la société est composée de familles et non d'individus. En partant de ce principe on ne risque pas de méconnaître la nécessité de la tradition et la nécessité de la prévoyance, car la famille est, comme la société, non seulement le présent, mais aussi le passé et aussi l'avenir.

En politique A. Comte s'élève avec force contre le dogme de la souveraineté du peuple qui est le fondement des gouvernements revolutionnaires. « Tout choix des supérieurs par les inférieurs, disait-il, est profondément anarchique. » — « Depuis plus de trente ans que je tiens la plume philosophique, écrivait-il encore, j'ai toujours représenté la souveraineté du peuple comme une mystification oppressive, et l'égalité comme un ignoble mensonge. » Et il qualifiait le suffrage universel de maladie politique.

Bref ce sont tous les principes révolutionnaires que Comte successivement proclame anarchiques. — « On ne saurait, déclarait-il, terminer la Révolution avec les doctrines qui l'ont commencée. Ce qui servait alors à détruire ne peut servir aujourd'hui, à construire. » Ces principes, selon Comte, sont, en effet, essentiellement destructeurs. Ils sont, écrivait-il, « incapables de rien organiser, sauf le doute, le désordre et la dégradation ».

*
* *

J'ai dit, au début de cet exposé, que le fondement de notre doctrine se trouve tout entier dans ce passage de la déclaration de notre Ligue : « Un vrai nationaliste place la Patrie avant tout ; il conçoit donc, il traite donc, il résout donc toutes les questions politiques pendantes dans leur rapport avec l'intérêt national. » J'ai montré ensuite que c'est au nom de l'intérêt national que nous rejetons les principes révolutionnaires, qui sont des principes de mort pour les nations.

Or quand on a franchi cette étape, on est bien près de se rallier complètement à la doctrine de l'*Action française*, je veux dire on est bien près de se rallier à la monarchie. Je ne m'étendrai pas longuement sur nos raisons d'être monarchistes. Elles ont été exposées d'une façon définitive dans l'ouvrage capital de Charles Maurras : l'*Enquête sur la Monarchie*. Mais je veux tout au moins passer succinctement en revue ce que nous attendons de la Monarchie, ce que nous pouvons attendre d'elle et que nous ne pouvons attendre d'aucun des régimes révolutionnaires.

Au rétablissement de la Monarchie s'associe, dans notre pensée, la reconstitution de la famille, ce fondement de la société que les principes révolutionnaires s'appliquent à désorganiser parce qu'ils sont hostiles à toute tradition, et que la famille est précisément le meilleur véhicule du passé. Il importe de le reconnaître, quiconque est attaché aux principes révolutionnaires doit vouloir la destruction de la famille, car ces principes poussés jusqu'au bout de leur logique exigent cette destruction.

Il est vrai que des principes peuvent ne pas être poussés jusqu'au bout de leur logique et qu'on peut se refuser aux conséquences ruineuses qu'enferment des prémisses posées. Oui, mais pour cela il faut que l'intérêt soit en opposition avec ces conséquences. Or ici, au contraire, intérêt et logique sont d'accord. L'intérêt de la Révolution est dans la désorganisation de la famille.

Ce qui a chance de séduire, en effet, dans les régimes révolutionnaires, c'est une certaine facilité momentanée, due au relâchement de toute discipline, à l'oubli de tout devoir, une certaine prospérité apparente, due au gaspillage du trésor national auquel on invite les citoyens. Facilité, d'ailleurs, qui cache les plus grandes difficultés pour demain, prospérité qui conduit à la ruine.

Aussi les régimes révolutionnaires ont-ils chance de séduire surtout ceux qui n'ont d'intérêt que dans le présent, que dis-je, dans l'immédiat, qui n'envisagent que l'éphémère.

Or, reconstituer la famille, c'est créer des citoyens prévoyants, des chefs qui ont souci de leur descendance, qui ont le regard tourné vers l'avenir. C'est donc créer des contre-révolutionnaires, contre-révolutionnaires par intérêt, par instinct vital.

Aussi, pour la Révolution, c'est se défendre que d'attaquer un organisme comme la famille qui se prolonge dans le temps.

La Monarchie, elle, au contraire, a intérêt à la reconstitution d'un tel élément d'ordre, car c'est dans la force et la stabilité des familles que la Monarchie peut espérer trouver sa propre force et sa propre stabilité, un tel régime ne pouvant s'appuyer que sur ce qui dure et se perpétue comme lui. « L'hérédité du trône, disait Bonald, est la garantie de toutes les hérédités, et la sauvegarde de tous les héritages. »

De la Monarchie nous attendons encore le retour de la paix religieuse, cette paix que nous ne verrons jamais régner, qu'on en soit bien assuré, sous le gouvernement de la République. L'antagonisme entre la République et le catholicisme tient, en effet, encore bien plus à l'essence du régime républicain qu'au mauvais vouloir de nos gouvernants. Et on aura beau changer les personnes, cette nécessité inhérente au régime de combattre le catholicisme n'en subsistera pas moins.

La République, en effet, qui est appelée à faire de plus en plus de mécontents, à mesure qu'elle déroulera ses conséquences de ruine, n'a donc chance de durer qu'en passionnant les individus pour les principes, les dogmes sur lesquels elle repose, qu'en exaltant en eux la foi révolutionnaire. On cherche à nous duper, il est vrai, avec le mot de neutralité. Mais pour être neutre, il faut être indifférent. Or, nul ne l'est moins que l'Etat républicain. Il a une doctrine, l'individualisme, de laquelle il tire son existence, et qu'il lui est de plus en plus indispensable, pour la raison que je viens de dire, d'imposer aux esprits. Et cette doctrine est une doctrine de dissociation, de ruine, d'anarchie, par conséquent une doctrine diamétralement opposée à la doctrine de l'Eglise catholique. Comment s'étonner, dans ces conditions, qu'il y ait antagonisme inévitable et lutte. Michelet avertissait déjà autrefois la Révolution en écrivant : « La vie du catholicisme c'est la mort de la République. La vie de la République c'est la mort du catholicisme. » Et sur ce point, il était clairvoyant.

Le journal *Le Temps* s'écriait un jour avec une grande naïveté, à moins que ce ne soit un grand cynisme, à propos des revendications des ouvriers : « Mais que veulent-ils, que réclament-ils de plus qu'ils n'ont ? N'ont-ils pas le suffrage universel ? » Ce cri était le cri d'effroi du républicain qui voit sa dupe lui échapper. Si, en effet, l'ouvrier n'est plus dans cet état quasi religieux qui fait qu'il est prêt à négliger tout le positif, tout le substantiel de son existence, pour ne s'attacher qu'à son bulletin de vote et aux principes creux de la Révolution, alors la Révolution est perdue : elle se trouve, en effet, alors en face de désirs et de revendications dont bon nombre sont légitimes, et qu'elle ne saurait satisfaire.

Aussi la réclamation directe à laquelle nous voyons que de toutes parts on recourt de plus en plus, sonne le glas de la République. Un tel régime, en effet, n'arrive à se maintenir qu'en transférant toutes les revendications, toutes les difficultés, tous les conflits sur le terrain de la lutte électorale. Là, tout s'élude facilement, tout se stérilise. Là, le gouvernement est fort. Là, on peut berner, leurrer de promesses. Mais il devient difficile, sinon impossible, de leurrer, de berner, d'éluder lorsqu'on se trouve discuter face à face. Une telle discussion qui fait ressortir la faillite du régime républicain, même sur la route du Roi, du Roi qui seul, en même temps que la paix religieuse, pourra nous rendre la paix sociale, recouvrée par la réorganisation

du monde du travail et par la renaissance de la
vie locale, bienfaits qu'il est vain d'attendre
d'aucun régime électif.

Que craint en effet, sous un tel régime, le
parti victorieux ? Que le pouvoir ne lui soit ravi
au retour des élections. Et que faut-il pour qu'il
soit délivré d'une telle crainte ? Qu'il enchaîne
l'électeur par tous les moyens possibles, qu'il
réduise sa force d'opposition à rien.

Asservir l'électeur, voilà donc la considéra-
tion qui prime toute autre pour le parti régnant
quel qu'il soit. D'abord vivre, c'est, en effet, la loi
ordinaire de l'être. Et le parti qui ne se confor-
merait pas à cette loi — qui, par exemple, sacri-
fierait son intérêt propre au bien du pays, —
ne tarderait pas à disparaître pour faire place à
des politiciens plus avisés et moins scrupuleux.

Donc, pour d'abord vivre, d'abord asservir
l'électeur. Pour cela, on commence par l'isoler,
car tout ce qui encadre l'individu lui donne
une force. D'où suppression de tous groupe-
ments, corps, ordres, etc.

Les principes démocratiques servent merveil-
leusement à cet émiettement. Ils font tout naturellement de la poussière d'éléments, de la
matière désagrégée. On comprend ainsi l'intérêt
des parlementaires à défendre ces principes.
C'est pour eux défendre la base de leur pouvoir
et de leur fortune.

Mais isoler l'individu ne suffit point. Il faut,
de plus, l'enchaîner. Ce qui se fera en fonction-
narisant le plus possible tous les services. Plus
il y a de fonctionnaires ou candidats fonctionnaires et plus il y a d'électeurs asservis au parti
dominant. Plus les services sont centralisés et

plus l'indépendance est rare. C'est ainsi que la
République démocratique est entraînée par une
pente naturelle vers le socialisme d'Etat, et par
là, vers la ruine du pays.

Or, seule la Monarchie peut nous sauver d'un
tel désastre. Le pouvoir monarchique, en effet, ne
dépendant pas de la volonté du nombre, n'a pas
comme intérêt vital à enchaîner et asservir l'électeur. Son intérêt se trouve même dans l'œuvre
diamétralement opposée. C'est, en effet, en se
limitant par la décentralisation et par une large
liberté d'association que la monarchie se con-
solidera. Car c'est ce qui ferait sa limite qui
serait en même temps son plus ferme soutien.
En effet, les corps indépendants, les groupe-
ments de toutes sortes, familiaux, locaux, pro-
fessionnels, limites du pouvoir, ayant dans le
Roi leur protecteur, et même leur seul protection possible, car seul un Roi est vraiment, de
par sa position, soucieux de l'avenir, se trou-
vent ainsi avoir le plus grand intérêt à l'appuyer
et à le défendre.

Qu'on relise d'ailleurs les manifestes de nos
princes et l'on verra que tous ils ont compris ad-
mirablement cet intérêt de la monarchie, qui, ici
comme ailleurs, concorde avec l'intérêt du pays.
Tous ils ont mis au premier rang des réformes
nécessaires la décentralisation et la plus large
liberté d'association.

Enfin, ce que nous attendons encore, et par-
dessus tout, de la monarchie, c'est la sauvegarde
de la défense nationale. On a souvent déclaré
et démontré qu'une armée forte et une marine
florissante sont incompatibles avec une démocratie. La République française en est un témoi-

gnage éclatant. Le régime qui a permis, bien plus, suscité l'affaire Dreyfus, cette affaire qui visait à la désorganisation de nos forces militaires et à la destruction de la confiance dans les chefs de notre armée, un tel régime s'est révélé aux yeux de tous le régime de la trahison. Aussi, si on a la moindre clairvoyance, pour rester encore républicain, il faut mettre la République au-dessus de la patrie. Mais si, comme nous le faisons à l'*Action française*, on met la patrie avant tout, on doit forcément aboutir au Roi : au Roi qui, comme je viens de le rappeler succinctement, est, suivant une comparaison célèbre, comme la clef de voûte qui soutient tout l'édifice national.

Paris. — Imp. Levé, rue Cassette, 17. — S.

L'Action française

REVUE MENSUELLE

17, Rue Caumartin, Paris

ABONNEMENTS : Paris et Départements 8 fr. — Etranger 11 fr.
LE NUMÉRO : O fr. 60

LIGUE D'ACTION FRANÇAISE

17, Rue Caumartin, Paris

Président : Henri VAUGEOIS. *Vice-Président* : Charles MAURRAS
Secrétaire général : Léon de MONTESQUIOU

Déclaration

Français de naissance et de cœur, de raison et de volonté, je remplirai tous les devoirs d'un patriote conscient.

Je m'engage à combattre tout régime républicain. La République en France est le règne de l'étranger. L'esprit républicain désorganise la défense nationale et favorise des influences religieuses directement hostiles au catholicisme traditionnel. Il faut rendre à la France un régime qui soit français.

Notre unique avenir est donc la Monarchie telle que la personnifie Monseigneur le Duc d'Orléans, héritier des quarante rois qui, en mille ans, firent la France. Seule la Monarchie assure le salut public et, répondant de l'ordre, prévient les maux publics, que l'antisémitisme et le nationalisme dénoncent. Organe nécessaire de tout intérêt général, la Monarchie relève l'autorité, les libertés, la prospérité et l'honneur.

— Je m'associe à l'œuvre de la Restauration monarchique.
— Je m'engage à la servir par tous les moyens.

Les Membres donateurs paient une cotisation minimum de cinquante fr. par an.
Les Membres adhérents paient une cotisation annuelle minimum de trois francs.

Institut d'Action française

17, Rue Caumartin, Paris

COMITÉ DE PATRONAGE :
Comte Eugène de LUR-SALUCES, *Président*

CONSEIL DIRECTEUR :
MM. Charles MAURRAS, Henri VAUGEOIS, Léon de MONTESQUIOU
Lucien MOREAU, Jacques BAINVILLE

SECRÉTAIRE GÉNÉRAL :
M. Louis DIMIER, *agrégé de l'Université, docteur ès lettres*

Les souscriptions ordinaires sont de cent francs, donnant droit à trois cartes d'entrée aux cours.

Le droit d'inscription pour l'ensemble des cours est de vingt francs. Un seul cours, cinq francs.

Une réduction de 50 % est faite au profit des Etudiants inscrits aux Facultés libres et à l'Université.

Les cours ont lieu : 33, rue Saint-André-des-Arts.